Malô Carvalho TEXTO
Suzete Armani ILUSTRAÇÕES

De patas, penas e escamas

Fabio Cerati FOTOGRAFIA

2ª edição

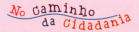
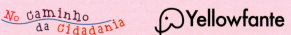

Copyright © 2010
Malô Carvalho (texto), Suzete Armani (ilustrações)
Copyright desta edição © 2020 Editora Yellowfante

Edição geral
Sonia Junqueira

Projeto gráfico
Diogo Droschi

Fotografia
Fabio Cerati

Revisão
Ana Carolina Lins

Todos os direitos reservados pela Editora Yellowfante. Nenhuma parte desta publicação poderá ser reproduzida, seja por meios mecânicos, eletrônicos, seja via cópia xerográfica, sem a autorização prévia da Editora.

Dados Internacionais de Catalogação na Publicação (CIP)
(Câmara Brasileira do Livro, SP, Brasil)

Carvalho, Malô
   De patas, penas e escamas / Malô Carvalho ; Suzete Armani, ilustrações ; Fabio Cerati, fotografia. -- 2. ed. -- Belo Horizonte : Editora Yellowfante, 2020. -- (No caminho da cidadania)

ISBN 978-85-513-0837-0

1. Animais - Direitos - Literatura infantojuvenil 2. Animais - Literatura infantojuvenil 3. Literatura infantojuvenil I. Cerati, Fabio. II. Título. III. Série.

20-32851   CDD-028.5

Índices para catálogo sistemático:
1. Animais : Cuidados : Literatura infantojuvenil   028.5
2. Animais : Direitos : Literatura infantojuvenil   028.5

Iolanda Rodrigues Biode - Bibliotecária - CRB-8/10014

A **YELLOWFANTE** É UMA EDITORA DO **GRUPO AUTÊNTICA**

Belo Horizonte
Rua Carlos Turner, 420,
Silveira . 31140-520
Belo Horizonte . MG
Tel.: (55 31) 3465 4500

São Paulo
Av. Paulista, 2.073, Conjunto Nacional,
Horsa I, 23º andar . Conj. 2310-2312
Cerqueira César . 01311-940 . São Paulo . SP
Tel.: (55 11) 3034 4468

www.editorayellowfante.com.br

Todo animal tem direito a ...

...viver livre e ter espaço
pra brincar e se divertir.

Viver solto na natureza,
com outros animais...

...ou fazer parte de uma família
e ter um lugar gostoso pra morar.

Ser bem tratado, amado, protegido e nunca, nunca abandonado pelo dono!

Ser bem alimentado
e não passar frio.

Viver em ambientes limpos e bem cuidados.

Namorar, ter seus filhotinhos...

Ter direito ao descanso e não ser obrigado a trabalhar mais do que aguenta.

Ser examinado regularmente pelo veterinário e receber todo tratamento de que precisar.

Quando chegar a hora de ir embora,
por doença ou por velhice, ser tratado como
um amigo, com todo o respeito…

Conviver com outros animais e ter uma vida sem medo e sem sofrimento.

Os direitos dos animais

1 Assim como o homem, que também pertence ao reino animal, todos os animais têm direito à vida.

2 Todos os animais têm direito ao respeito e à proteção do homem.

3 Nenhum animal deve sofrer maus tratos nem crueldades. Se for necessário sacrificar um animal, isso deve ser feito instantaneamente, sem que ele sofra dor ou angústia.

4 Todos os animais selvagens têm o direito de viver livres em seu *habitat*.

5 O animal que o homem escolher como companheiro deve ter todas as condições para viver seu tempo natural de vida e nunca sofrer a crueldade do abandono.

6 Na doença e na morte, todo animal tem direito a receber cuidados e a ser tratado com dignidade.

7 Nenhum animal deve ser usado em experiências que lhe causem dor nem qualquer tipo de sofrimento.

8 Todo animal de trabalho tem direito a uma alimentação reparadora e ao descanso.

9 Nenhum animal deve ser explorado para divertimento do homem: as exibições de animais e os espetáculos que utilizem animais são incompatíveis com a dignidade deles.

10 A poluição e a destruição do meio ambiente são considerados crimes contra os animais.

11 Todo ato que põe em risco a vida de um animal é um crime contra a vida.

12 Os direitos dos animais devem ser defendidos por lei, do mesmo modo que os dos homens.

13 O homem deve ser educado desde a infância para observar, respeitar e compreender os animais.

A autora

Nasci e vivo em São Paulo. Sou formada em Psicologia e trabalho na área de Planejamento e Pesquisa de Mercado.

Sempre alimentei o sonho de trabalhar com crianças. A inspiração para este projeto se deu durante um bate-papo em família, e foi ganhando corpo com a união de sonhos, de ideias e de paixões em comum: livros e crianças.

Assim surgiu esta coleção, cujo objetivo é provocar situações de análise e reflexão sobre valores e atitudes fundamentais para a formação da criança, através de modelos e situações cotidianas retratadas de forma lúdica e divertida.

O tema "animais", ou "de patas, penas e escamas", é o segundo volume da coleção No Caminho da Cidadania a ser desenvolvido, continuando as temáticas sociais que pretendemos abordar: crianças, idosos, professores, água, entre outros.

Malô Carvalho

A ilustradora

Nasci em São Caetano do Sul e hoje moro em Registro (SP). Sou formada em Biomedicina, com especialização em Micologia e Vírus Neurotrópicos.

Trabalhei muitos anos na área de saúde, mas de repente descobri um outro prazer: a arte de modelar, um *hobby* que acabou virando profissão.

Hoje vivo no mundo das massas, das formas e das cores.

Pra fazer este livro, fechei os olhos, me vi menina, vi meus filhos quando crianças... Abri os olhos novamente e comecei a modelar, viajando num mundo de fantasia onde há cachecol em galinhas, vaquinhas leitoras, sapinhos violeiros... Sem regras e sem censura, permito-me sonhar e, desse modo, entro no lindo e mágico universo infantil.

Esta coleção estava em uma gavetinha do meu arquivo de sonhos há muito tempo; a Denize e a Malô me ajudaram a concretizá-la. Agradeço às duas, do fundo do coração.

Agradeço à Sonia Junqueira por acreditar em meu trabalho.

Suzete Armani

Esta obra foi composta com a tipografia
Sassoon Primary, fonte criada pela *designer* Rosemary
Sassoon, com base em pesquisas, para crianças em
processo de aprendizagem de leitura e escrita.
Impressa em papel Couché Fosco 150 g na Formato
Artes Gráficas para a Editora Yellowfante.